तेरा जिक्र

सोनिया शर्मा

ISBN 979-888530253-1

क्रम-सूची

क्रम-सूची

"रूखे अरमानो से खामोशियो का हौसला बढ़ता है।
किस्तो में बटे हुए उन दर्द भरे लम्हो के जिक्र से डर लगता
है।"

"डर लगता है, मुझे जब में बहुत खुश होती हूँ
मेरी हस्ती हुई इन आंखों में, आईने में आंसू देखें है"

हंसता हुआ चेहरा खिलती हुई हंसी तुम रहने दो
तुम कुछ पल के लिए ठहरोगे, मुझे इस पल में भी खामोश
रहने दो

1. यारो की महफिल

गुल हो गए वो नजारे जहां यारो की महफिल जमा करती थी

बीत गए वो लम्हें जिन लम्हो में चाय के बहाने मुलाकते हुआ करती थी

एक कप चाय के जरिये वक्त की घडी दोस्तो के संग रूक सी जाती थी

फरेब पाल लेते मोहब्बत का इस जमाने में

किसी जमाने में चाय भी दोस्तो की महफिल के लिए मोहब्बत हुआ करती थी

गुल हो गए वो नजारे जहां यारो की महफिल जमा करती थी

अब वो बात नहीं है .... दोस्त है मगर वो साथ नहीं है।

इस जमाने में वो याराना कहा लास्ट वाली बेंच और दोस्तो के संग खिल्ली उठाना पुरे स्कूल में मशहूर हुआ करती थी

बीत गए वो लम्हें जिन लम्हों में चाय के बहाने मुलाकाते हुआ करती थी

तास के पत्तों में अपनी बाजी हार जाना फिर उसी बहाने शर्ते लगाना

बचपन ही कुछ ऐसा था यारो, महफिलो में कभी खामोशियां ठहरा नहीं करती थी

गुल हो गए वो नजारे जहां यारो की महफिल जमा करती थी

फुर्सत से मिलना कभी उन यादो से किसी जमाने में

दोस्तो की टोली बडे शान से जिया करती थी
बीत गए वो लम्हे जिन लम्हों में चाय के बहाने मुस्कुराते
हुआ करती थी
जिंदगी की शुरूआत की क्रिकेट जैसे खेल से करते थे
उस जमाने की दोस्ती में इश्कबाजी नहीं हुआ करती थी
गुल हो गए वो नजारे जहां यारो की महफिल जमा करती
थी ।

"जिन्दगी मे कामयाब वो लोग ही होते है
जो अक्सर अपनी हार का शौक नहीं मनाते ।"

"बचपन में तो शामे भी हुआ करती थीं
अब तो बस सुबह के बाद रात हो जाती है"

परवाह करते करते खुद के लिए तुम लापरवाह हो गए
ऐस लगता है कुछ रिश्तों के लिए तुम बोझ से हो गए

2. कितना कुछ सहना पड़ता है।

इस छोटी सी जिन्दगी में कितना कुछ सहना पड़ता है,
दब कर रहना पड़ता है
किसी के साथ रहने के लिए खामोश रहना पड़ता है
खुद के लिए क्या सही, क्या गलत यह भी दूसरो से पूछना पड़ता है
बट कर रह जाती है जिदंगी दो हिस्सो में अपनी बातो को मनवाने के लिए
कितना झुकना पड़ता है
पोछकर अपने आंसू खुद को समझाना पड़ता है
इस छोटी सी जिदगी में कितना कुछ सहना पड़ता है
गुम हुए ख्वाब मेरे जब भी करने को बढ़ते थे कदम मेरे कुछ करने से पहले फिर से कोई हताश ना कर दे हर पल ये सोचना पड़ता है
जब दिल बेचेन और दिमांग खामोश हो जाता है तब सबकी हां में खुश रहना पड़ता है।
किसी के साथ रहने के लिए खामोश रहना पड़ता है।
जानती हूँ कोई अहमियत नहीं है मेरी, फिर भी कोशिश हर बार करती हूँ ।
ख्वाहिशो के इस बदलाव में मजबूरियों का शिकार होना पड़ता है।

छोटी सी जिंदगी में कितना कुछ सहना पड़ता है, दब कर रहना पड़ता है।

"किस्तम का लिखा हुआ मानना भी कितना मुश्किल हो जाता
है
जब मंजिल सामने हो और फिर फासला बढ़ जाता है।"

"कितनी सादगी से तुमने मुझे अपना लिया
मेरी गलतियों पर गिराकर पर्दा मुझे अपने सीने से लगा
लिया"

"मोहब्बत की मिजाज के किस्से निराले होते हैं
जिस को हो जाए कुछ वक्त के बाद वो पंछी गुमशुदा
होते हैं"

3. एक नई पहचान

बिछड कर वह मुझसे मुझे एक नई पहचान दे गया
कलम हाथ में थामा ही थी, वो मुझे बेवफा का नाम दे गया

खुश मिजाज थे वो लम्हे जिन्हे मैने अपनी किस्मत समझ लिया

मेरी महफिल सजाने को अलग सा अंदाज दे गया
बिछड कर वह मुझसे मुझे एक नही पहचान दे गया
जागती आंखो में वो टहलते ख्वाब देखे थे, उसकी यादो के सहारे जिन्दगी के बेनाम रिश्तो से सभलना सीख लिया है।
आज खुद की तलाश में मेरा सपना गुमशुदा यादो का पंछी बनकर रह गया
कलम हाथ में थामा ही था वो मुझे बेवफा का नाम दे गया

जब से उसने मुझे जानने का छल किया मेरी बिखरती हुई जुल्फो के सहारे उसने मेरे दिल से खेलना सीख लिया।
उसके बहकावे में आकर वो मेरी रूह का हकदार भी हो गया।
बिछड कर वह मुझसे मुझे , एक नई पहचान दे गया।
हाथो में पहनाकर चुडिया लगा कर उसके नाम की बिंदी मेरे माथे पर, उसने कुछ पल में ही अपना रास्ता बदल लिया।

रंगीन रातो को वो ना जाने कब बेरंग कर गया कलम हाथ में थामा ही था वो मुझे बेवफा का नाम दे गया।

"खिलते चेहरे बहुत कुछ छुपा लेते हैं
अक्सर देखा है, वो बे-नकाब चेहरे ना जाने कितनो को रूला
देते है"

"चल छोड यार कितनो को मनाएगा कितनों को सताएगा
जिंदगी
एक बार मिली हैं
कब तक उदासियों में अपना घर बनाएगा"

4. तुम नहीं समझोगे

कितनी मन्नतो के धागो से मैने मांगा है तुम्हे खुदा से
तुम नही समझोगे कितनी तरसती रही मै,तुम्हे मांगने के
लिए खुदा से!
ख्यालो में भी तुम मेरी तस्वीर नही बना पाओगे
जब कभी मै रूठ जाऊं तो तुम मुझे मना नहीं पाओगे
यादो के बोझ कितने दर्द भरे होते हैं , यह पूछना तुम
कभी खुद से
तुम नहीं समझोगे कितनी तरस्ती रही है, तुम्हे मांगने के
लिए खुदा से
कभी बिछड भी जाऊं तुमसे , तुम मुझे कभी ढूंग नहीं
पाओगे
कितने पत्थर दिल हो तुम मेरे कभी चोट लगने पर भी
तुम मेरा हाल पूछने नहीं आओगे
जब जलील करे यह जमाना मुझे तब तुम बैशक अपना
हाथ छुड़ा कर मिलो दूर चले जाना मुझसे। किनती मन्नतो
के धागो से मैने मांग है, तुम्हे खुदा से
जानती हूँ मै तुम्हे जब भी यह कहती हूँ तुम्हे ,तब तुम्हे
बेगाना सा लगता है
हंसात हुआ मेरा ये चेहरा खिलते हुऐ दर्द को जब छुपाने
लगता है
जब रोती हुई आंखे नाजाने कितने सवाल करती है उस
खुदा से

तुम नहीं समझोगे कितनी तरस्ती रही मै तुम्हे मांगने के लिए उस खुदा से।।

"तुम्हे मेरी कद्र तब समझ आएगी
ये दुनियां तुम्हे हकीकत का आईना जब दिखाएगी"

"लगता है मोहब्बत के भी पर निकल आए है
ना जाने कितने अर्शे बाद हमारे घर में दिल के मालिक आए
हैं"

5. मै हर रोज तुमसे मिला हू

आज फिर से तेरी खोज में निकला हूॅ तुम मुझे मिले या ना मिले मै हर रोज तुमसे मिला हूॅ ।

मै ना जाने क्यो तुमसे रूबरू का वास्ता रखना चाहता हूॅ।

मै तुझे ढूढने से पहले में खुद को मिला हूॅ।

मै जानता हूॅ तुम कहा मिलोगी मुझे

फिर ना जाने क्यो कतरा कतरा दरिया में मिल के तुझे ढुढने निकला हूॅ ।

चाहे तुम मिली या ना मिलो मै हर रोज तुमसे मिला हू

निकला था जब घर से तेरी और में, खुद को भी भूलता चला गया

तेरी आखरी मुलाकात बसा के दिल में

तुझे ढूढने को निकला हूॅ ।

तुम मझे मिलो या ना मिलो मै हर रोज तुमसे मिला हू ।

तेरी धूंधली सी तस्वीर ने ना जाने क्या हाल कर दिया मेरा, कसूर तो तेरी उस मयक्सी निगाहो का था एक नजर में मेरे दिल को छलनी कर दिया

बसा के दिल में मेरी उस तस्वीर को तुझे ढूढने को निकला हूॅ ।

तुम मिलो या ना मिलो में हर रोज तुमसे मिला हूॅ ।

अर्षो बीत गए तुझसे मुलाकात नहीं हुई है।

तकरार चलती रहती, तेरी यादो की परछाई से

गुम हो जाता हूॅ तेरे एहसासो में उनको महसूस कर के तुझे ढंढने निकला हूॅ।

तुम मुझे मिलो या ना मिलो में हर रोज तुमसे मिला हूँ
।

"जिन्दगी की आस एक पल में टूट जाती हैं
जब अपनी अहमियत अपनों के लिए बदल जाती हैं"

"हर किसी के हाथो बिक जाने को हम तैयार नहीं
यह मेरा दिल है तेरे शहर का अखबार नहीं"

6. एक लहर

में समंदर के किनारे लिखा एक नाम हूँ
हवा के जरिये मेरी खुशबु बिखरेगी
वो इत्र लगा के मेरी बाहो में जब गुलेगी
जागते जुगनू को खबर मत करना
वो जब मेरे लिए अपने दरवाजो पर इंतजार करेगी
वक्त के निकलते मेरी आह को भी वाह मिलेगी
तारो भरी रातो में मेरी रूह उसके लिए तरसेगी
सफर के इंतकाम में ठहरने का इंतजाम करके रखना
वक्त मिलेगा जब भी मेरी अदाएं तुम्हारी तलाशी करेगी
शराब को शबाब की लत मत लगने देना
जब शराब आदत बन गई तुम्हारी शरारत शराफत का
सिकार करेगी
ढलते सूरज को पलके उठा के देखना
मिलेगी निगाहे जब उससे तो तुम्हारी हसीं भी तुम्हारे गम
को छलनी करेगी
उठती लहरो में तुम अपने अंदर समा के देखना
जब छुहेगी तुम्हे जब कुछ तो हलचल करेगी
मै समदर के किनारे लिखा एक नाम हूँ ।
बस एक लहर आने तक मेरी कहानी चलेगी।

"तुम्हारी यादों के चर्चे अक्सर हमारी महफिल में होते रहते हैं
तुम्हारे लतीफे भी दफन हुए जख्मों को बेसब्री से कुरेदते रहते
हैं।"

"सुकून मिलता है, दो लफ्ज कागज पर उतार कर
कह भी देती हूँ और आवज भी नहीं होती"

"कुछ वक्त के लिए था खुशियों का जमाना
बदलते वक्त को देख बदल जाने को कहना है, ये जमाना"

7. तेरे ख्यालो से मुलाकात हो जाती

तेरे ख्यालो से मुलाकात हो जाती

बाते करते करते , ना जाने कब रात हो जाती है

ठहरता नहीं वक्त जब कभी मे तेरे साथ होती

मुझे खबर भी नहीं होती ना जाने कब शाम हो जाती जब

भी तेरे ख्यालो से मुलाकात हो जाती

रूकता नहीं ये सिलसिला इरादो का मेरे

जब ख्वाबो में रूबरू बात हो जाती

जब मेरे हाथो में तेरे हाथ होते तब एक सुकून भरी राहत

सी मिलती

बाते करते करते ना जाने कब रात हो जाती है

नदी किनारे उन लहरो से जिक्र तुम्हारा तब कभी करती

वह हवाओ मं घुल कर मेरा पैगाम तुम तक पहुंचाती जब

भी तेरे ख्यालो से मुलाकात हो जाती

जब भी मेरी पलके शरमा कर झुक जाती

बंद आंखो में तेरी तस्वीर मेरे सामने आ जाती

हाथो की चूडिया जब भी खनखनाती

तुम्हारे एहसासो को फिर से रंगीन कर जाती

जब भी तेरे ख्यालो से मुलाकात हो जाती

मोहब्बत के इन नजारो को बसा कर अपने दिल में

तेरे बिना भी हर लम्हा गुजार लेती

जब यादो के बोझ भारी हो जाते तेरी परछाई को देख
आईने में अपनी रूसवाई को भूल जाती
जब भी तेरे ख्यालो से मुलाकात हो जाती ।

"आगे बढ़ने की जिद सब को भगा रही हैं
सपनों में दौड़ने वालों को जिन्दगी ठोकरो में जगा रही है।"

"मुद्दत से तमन्ना हुई कोई अफसाना न मिला
हम खोजते रहे खुद की कमजोरी को छुपाने के बहाने, कोई
ठिकाना न मिला"

"वक्त रूठा, किस्मत का हर लम्हा रूठा
रूठा वो नजारा मुझसे, उस शख्स के लिए में खुद से रूठा"

8. उलझे सवाल

कही रिश्तो में दूरियां ना आ जाए, ये सोच के चुप हो जाते है

कही उलझ कर सवाल ,सवाल बन कर ही रह जाते है

बीते लम्हो के संग सवालो के जवाब भी बदल जाते है

बेडियो में बंदी मजबूरियों के सिलसले भी रास नहीं आते है

मन ही मन कोसते है खुद को ,कुछ जवाब भी अधूरे सवाल बन कर रह जाते है

कही बेचेनियो को छू कर राहत सी मिलती है, कहीं सुकून को पाकर भी बेचने से ही हो जाते है।

जब ढुढने को निकलते है, वो सुकून सी जिदंगी आंखो मे भी दबे रिश्ते नजर आते है

ना जाने क्यों वक्त के साथ दूरियाँ भी बढती जा रही है , कहीं अपनो की मोहब्बत भी बन कर जरूरत नजर आ रही है

छूट जाते है वो लम्हे जिन लम्हो में रिश्ते सिमट कर रह जाते

यूं ही बदनाम ना करो अपनो के रिश्तो को , रिश्तो की डोर तो कच्चे धागे से बंधी नजर आ रही है।

जिंदगी गुजर जाएगी कुछ पल में हमदर्दी भी दफन हो जाएगी

मिट जाए ये रिश्तो के दर्मिया फासले हस्ते हस्ते ये हस्तियां भी अपने दफन कर जाते है।

कुछ चाहकर भी बोल नहीं पाते है, कहीं रिश्तो में दूरियां
ना आ जाए ये सोच के चुप हो जाते है।

"जिन्दगी भी बदलते मौसम की तरह हो गई
हस्ती आंखों में कभी भी आंसू दस्तक दे जाते हैं"

"नीलामी की बस्ती में आ गए है जनाब बाजी नहीं
हारेंगे
मोहब्बत का सवाल है जनाब, खरीददार तो हम ही होंगे"

"ख्वाबों के जख्म कुरेदे जा चुके हैं
दाग बेहिसाब लगे थे, फिर भी उनको भुला चुके हैं,"

9. जिंदगी

कितनी जल्दी जिंदगी गुजर जाती है
इसी भाग दौड मे ख्वाबो की बुनियाद में पलभर की
खुशियां छूट जाती है
किसे कहानियो के नजारे सुनाएं हम, किसी ना किसी की
जिंदगी टूटे अरमानो में बिखर जाती है।
सिख नहीं पा रहा हूँ लोगो की दास्तान: सुने जा रहा हूँ
लोग किए हुऐ वादो से भी मूकर जाते है, यह समझो
इससे बडी अदालत कहां होती है
किसी में तो हमदर्दी होगी न जाने क्यो हर इंसान रिश्ते
नाते, प्यार मोहब्बत में उलझता जा रहा है।
सफर इस तरह का है कदम भी डगमगाने लगे जनाब यह
तो मुक़द्दर का खेल है
इसमें कभी भी बाजी पलट जाती है।
प्यास बुझती नहीं बरसात चली जाती है, बिन मौसम भी
बरसात हो जाती है
घटाओं को देखकर लगता है हर कोई किसी ना किसी का
मोहताज होता जा रहा है।
दूरियां कम नहीं है अपने ही रिश्तो के बीच एक बार फिर
से हार जाती है जब उम्मीदे तेरी टूट जाती है।
इसी भाग छौड में ख्वाबो की बुनियाद में पल भर की
खुशियां छूट जाती है।

"जिन्दगी में तुम कामयाब तब हो सकते हो
जब सपने तुम्हारे गुलाम होगे सपनो के तुम नहीं"

जिंदगी में खामोशिया इत्तेफाक का ही सोदा क्यो करती
खुशियां सभी के चहरे पर रहे, ये शर्त कबूल नहीं
करती है।।

"कुछ बातें तुम्हे चाह कर भी बयां नही कर पातीं
तुम्हारी खिलती हुई हसीं, मुझे खामोश कर जातीं"

10. तुम्हारी कमी

तुम्हारी कमी को कैसे दूर करेगे
महफिलो के नजारे की हंसी शाम कैसे मशहूर करेगे
तुम्हारे बिना तो सांसे भी तन्हा है, अपने दिल को कैसे
सजर करेगे
जो कभी एक पल भी गवारा नहीं होता उसके सुकून का
बसर कहा करेगे ।
दिल भी ये सोचने को मजबूर है तुम्हारे बिना लफ़्ज़ो को
कैसे दफन करेगे ।
तुम्हारी यादो ने इस खंडहर को घर बनाया है, तुम्हारे
बिना अपनी यादो को इसमें कैसे कैद करेगे।
मेरी रूह को भी तुम्हारे लिबाज का अनदेखा अहसास है,ना
जाने तुमसे दूर होकर किस का हर्ज करेगे ।

"बहुत कुछ होता है, कहने का
दिल मंजूरी नहीं देता है कुछ और सहने को"

उस रात का साया आज भी चारों तरफ मंडराता है
जब तन्हा होती हूॅ वो लम्हा मुझे डराता है।।

"गुजरते हुए इन लम्हों में अजीब सी बेचैनी हैं
किसी से कहा नहीं जाता किसी को बताएं बिना रहा नहीं
जाता"

11. रूठी तकदीर

खामोशियो के लहजो में गुलना नहीं आता ।
यूं ही नही कटती है रातें , अंधेरो में उसका साया भी नजर आता
जुगनू बन के वो रातो में मंडराता जब जिक्र उसका करू तो ख्वाबो में मुझे डराता ।
तन्हाईयों के चहरे उसने कहा देखे ,वो हरदफा मेरे ख्वाबो को चुराता ।
कभी हवा बनके मेरी रूह में उतर आता ।
जब दिखे नहीं मेरी जलक तो उसके अश्को से मेरी तस्वीर बनाता ।
वो घायल होकर अपने दर्दो का हिसाब मुझे सुनाता
कभी नींदो में भी मुझे गुनगुनाता , उसका बेइंतहा वो फसाना मुझे हर पल सताता
जिसका नाम मेरे लफ़्ज़ो से निकल कर आता ।

"भुल जाती हूॅ मैं, कि मैं भी इस दुनिया का हिस्सा हूॅ।
अब तो ऐसा लगता है, मैं रूठी हुई जिन्दगी का छुटा हुआ
किस्सा हूॅ।।"

तुम्हारे अपनो को तकलीफ होती, तुम्हारे हमारे साथ रहने से
बेशक तुम अपना रास्ता बदल
सकते हो

"परवाह नहीं चाहे जमाना कितना भी खिलाफ हो
चलूंगा उसी राह पर जो सीधा और साफ हो"

12. बेदर्द जिन्दगी का पता

बेदर्द थी जिदगी का पता पूछ कर आया हूॅ।
संग अपने ज़ख्मो का चोला लाया हूॅ ।
बनकर रातो का अंधियारा नींदो से जगाने आया हूॅ।
सिंचती रहना अर्सो पुरानी यादो को,
मयखाने की मदहोशी में उनको गुनगुनाने आया हूॅ।
रातो के झरोखो में मचलती निगाहो से एक रोज जिक्र
तुम्हारा करता हूॅ।
तुम्हारा किनारा करे मेरा हर ख्वाब , उसका भी इंतजाम
करके आया हूॅ ।
आंखो में सैलाब लिए जागती रहना, उसका हर्ज भरने ,
अपनी खामोशियों को गवाह बना कर लाया हू।
साजिशो में मुझे है तनहा रखना , उनका सजदा करने में
अपनी कलम लाया हूॅ।
तुम मुझे सिर्फ जिक्र में जिंदा रखना , मै उनको जीने का
मकसद बनाने आया हूॅ।

"डर है कि अन्दर के घाव ना जानें कितने गहरे होंगे
मलहम का असर नहीं हुआ तो, ना जानें कितने दर्द भरे
होंगे।।"

मैं खुद से मिल के फिर से बिछड़ जाता हूं
भुला के गम अपने, में फिर से निखर जाता हूं

"ना मैं शायर हूं ना मेरा कोई शायरी से कोई वास्ता
बस शौक बन गया है, अपना हाल बयां करने का"

13. यादो के पन्ने

तुम उसकी यादो के पन्ने खोल के क्या जताना चाहते हो
।

उसके नाम के छलकते आंसु की अवाज सुन क्यो मुझे
गुमशुदा करना चाहते हो ।

बेचेनियों की आतिसो में कहीं इश्कबाजी की थी मैने उनका
जिक्र कर क्यो सताना चाहते हो ।

चलते फिरते दिलकशी धुएं को क्यो आग करना चाहते हो
।

सुर्खियो के लहराते उलझाव में मस्वरा मेरा ही क्यो मशहुर
करना चाहते हो ।

शायरो से उधार लेके लिखे थे कुछ अल्फाज , ना जाने
किस फिराग में उनको मुझसे जुदा करना चाहते हो ।

लहजे बदलते बदलते ना जाने कितना वक्त गुजार दिया
फिर क्यो उसमें मुझे जिंदा रखना चाहते हो ।

"जिन्दगी में मैने वो पाया जो कभी मेरा नहीं था
वो खोया जो सिर्फ मेरा था"

"सुना है उसकी मोहब्बत शहर में मशहूर हो
गई
जनाब वो अपेन अश्क बहाके ना जाने कितनो को बेवफा
कह गई।।"

"ना महंगे तोहफे चाहिए, ना ही खैरात में मिली हुई
खुशियां
तुम मेरा हाथ थाम के चलोगे, उसमें भी में बहुत खुश हूं"

14. तलाश

मेरे लिखे लफ्ज़ो में तलाशना तुम खुद को ।
किस कदर बसे तुम मुझमें, ये ऐतबार हो जाएगा।
ना जाने कितनी साजिशे रची थी तुम्हें भुलाने की
मेरे कागज पर लिखे तराने देख, तुम्हे भी तरस आ
जाएगा।
मेरी खामोशी को सुन लेना मेरे जाने के बाद
तुम्हे भी बेइंतेहा प्यार हो जाएगा
ना जाने कितने दिनो से इंतज़ार था, एक आखरी मुलाकात
का।
मेरी महोब्बत के अश्को को पहन कर देख लेना ।
तुम्हे भी सबर आजायेगा ।
यूं ही नहीं उतरते है, कोरे कागज पर लफ्ज़
टूटते अपनो के रिश्तो को देख लेना तुम्हारा हाल ही
तुम्हारा गवाह बन जाएगा।
बे- दर्द लम्हो के फसाने महफिलो में सुने तो होगे
एक जिक्र मेरा भी कर लेना, तुम्हे अपने ही हर्ज का
अंदाजा हो जाएगा।

"तेरी यादें आज भी मुझे रूलाती है
निन्दों में तेरी परछाई आके मुझे सुलाती है"

"बंदिशों के पहनावे में रह कर, ना जानें कितने ही दफन
हो गए
कसूर चेहरे का था और इलजाम हुस्न को दे गए"

15. बंदिशें

मैं उन बंदिसो की बेडियो से जकड गया हूं।

किस्मत का कोई कसूर नहीं मे जीतने से पहले ही हार गया हूॅ।

बन कर बोझ बेख्याली खोखला हो गया हूॅ

जिंदगी की राह मे अंजान मोड पे कहीं खो गया हूॅ।

में दर-ब-दर ढह सा गया हूॅ, किसी भ्रम के भवरे में खो गया हूॅ।

उन बंद चार दिवारी का किस्सा बन कर रह गया हूॅ ।

ऐसा लगता है आसमान में धुधला-सा धुआ बन कर रह गया हू।

ये बावरा मन भी कैसा है मानो लगता खुद ही खुद से जुदा हो गया हूॅ।

पूछते है लोग हाल मुझसे में उनका सवाल बन कर रह गया हू।

खुद की कहानी को कैसे बयान: करू में फकीरो की यारी का जिक्र बन कर रह गया हूॅ।

बैचेनियां जीने नहीं देती है मुझे , किस दलदल में फस गया हूॅ।

सुकून भरी सास लेने को तरसता हूॅ ना जाने क्यो एक बेदाग

जिदंगी का किस्सा बन कर रह गया हूॅ।

"कुछ दर्द ऐसे होते है जो बयां नहीं होते
उस वक्त आंखे आसुओं से वजह नहीं पूछती है।"

"मोहब्बत के नजारे भी तुमसे देखे नहीं गए होंगे
हमें खबर है तुम्हारे जख्मों के रास्ते वहीं से गुजरें होंगे"

16. जब से तुम गए हो

जब से तुम गए हो , शहर मेरा सुना सा हो गया है
जब से तुम गए हो मेरा ठिकाना भी बदल गया है
कही नमी है , कही सर्गोसियो की कमी है
जब से तुम गए हो मेरा रहने का ढंग ही बदल गया है
कही पन्नो पे तुम्हारा नाम लिखा है, तुम्हारे जाने के बाद
उनका भी रंग बदल गया है
वो तारों भरी राते भी तन्हा सी लगती है
जब तन्हाईयों में जिक्र तेरा करू तो मेरा वक्त भी रूक
सा गया है।
रूह भी तरस जाती है जब नाम तेरा मेरे लबो पे आता है
जब से तुम गए हो तुम्हारे आगोश में आकर मेरा ख्याल
भी बदल गया है।
तुम्हारा आना वो मुझसे लिपट जाना बहुत सताता है।
जब से तुम गए हो वो मेरा बात करने का सलिखा भी
बदल सा गया है।

www.ingramcontent.com/pod-product-compliance
Lightning Source LLC
Chambersburg PA
CBHW031423160726
47993CB00003B/1368